Asshat

Boobs

Fuck
nugget

Batshit
Crazy

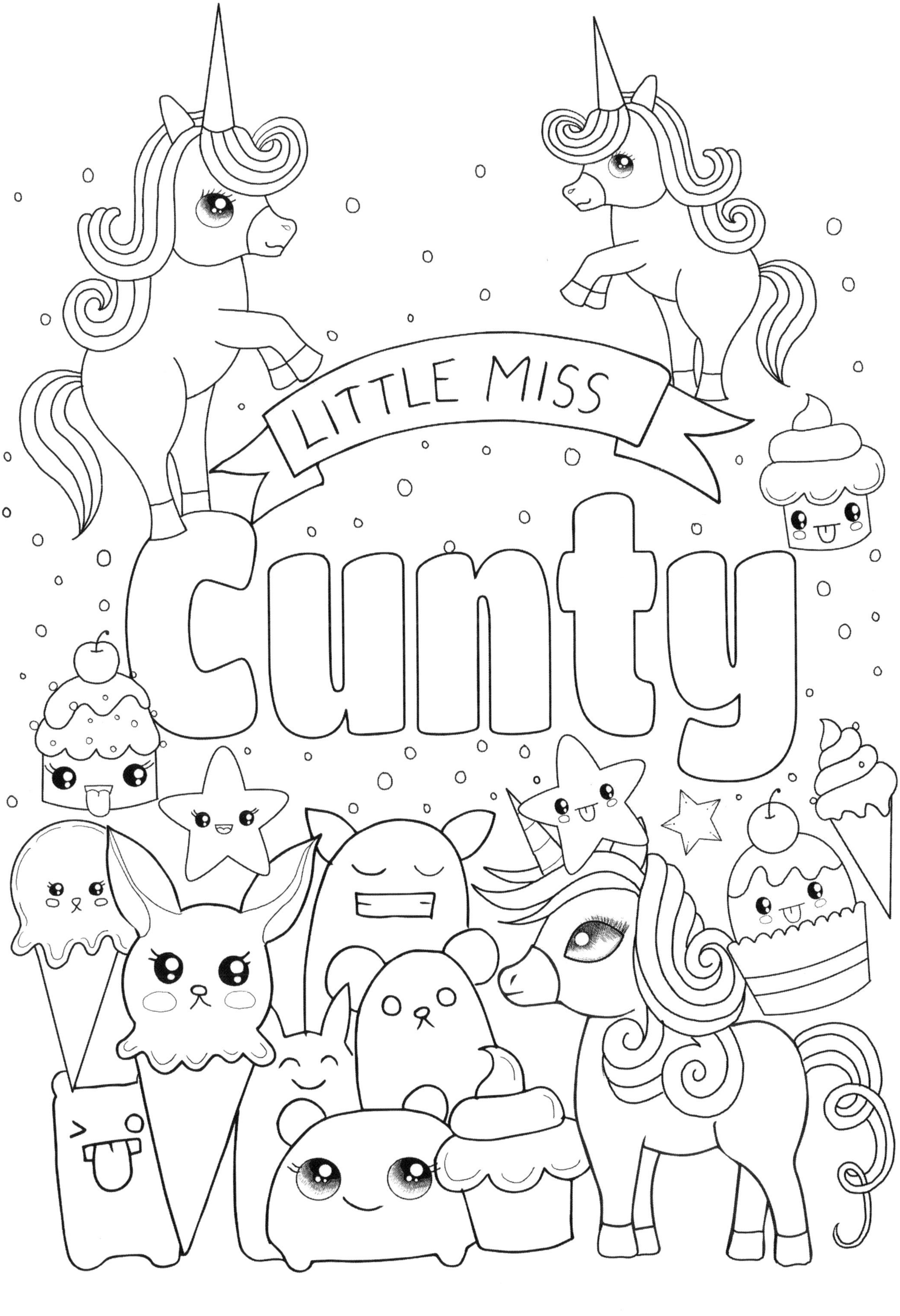
LITTLE MISS
Cunty

Bitch
Please

Cunt

Fuckety
Bye

FUCKWIT

Shit

I'M FUCKING FABULOUS

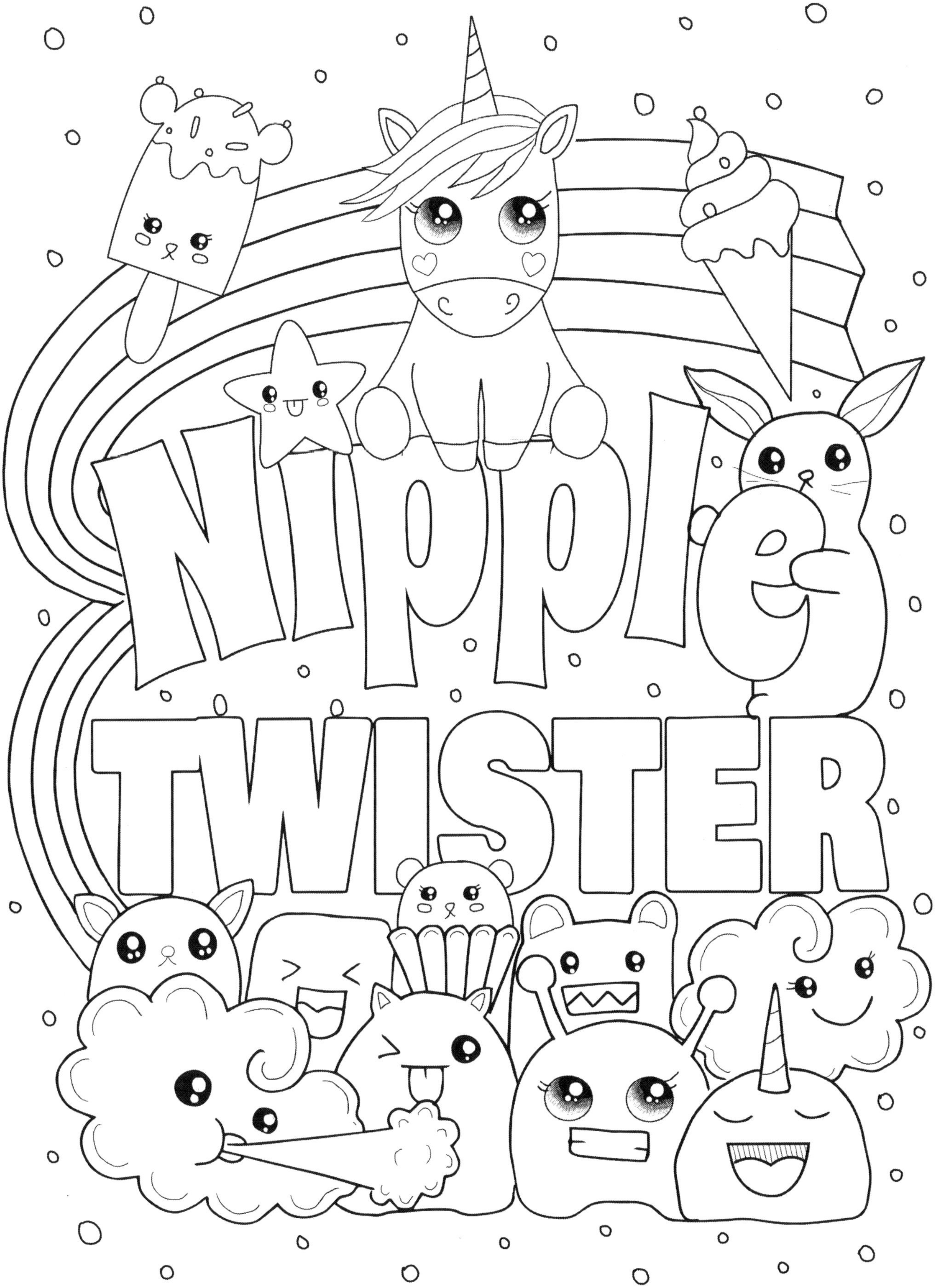

Nipple
TWISTER

Numb
nuts

PISS
off

SUGAR & SPICE
AND ALL THAT SHITE

Sugar
Tits

Thunder
Cunt

Twat
waffle

Shit
balls

Skittle
tits

UNICORNS
SWEAR TOO

Cluster
Fuck

Cunt
muffin

YOU'RE THE
SHIT

Asshat

I'M FUCKING FABULOUS

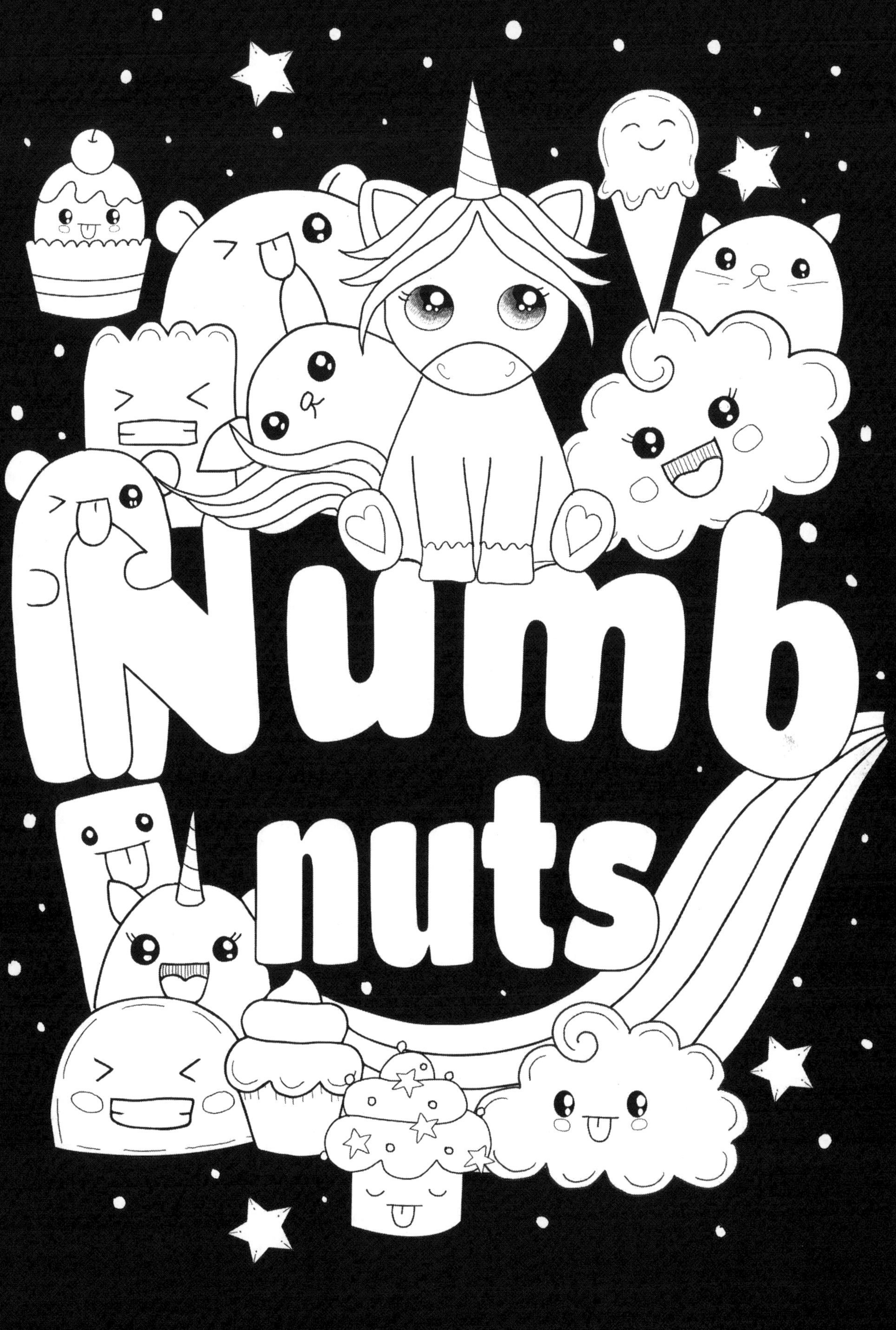
Numb
nuts

SUGAR & SPICE
AND ALL THAT SHITE

Skittle
tits

Shit
balls

PISS
OFF

Sugar
Tits

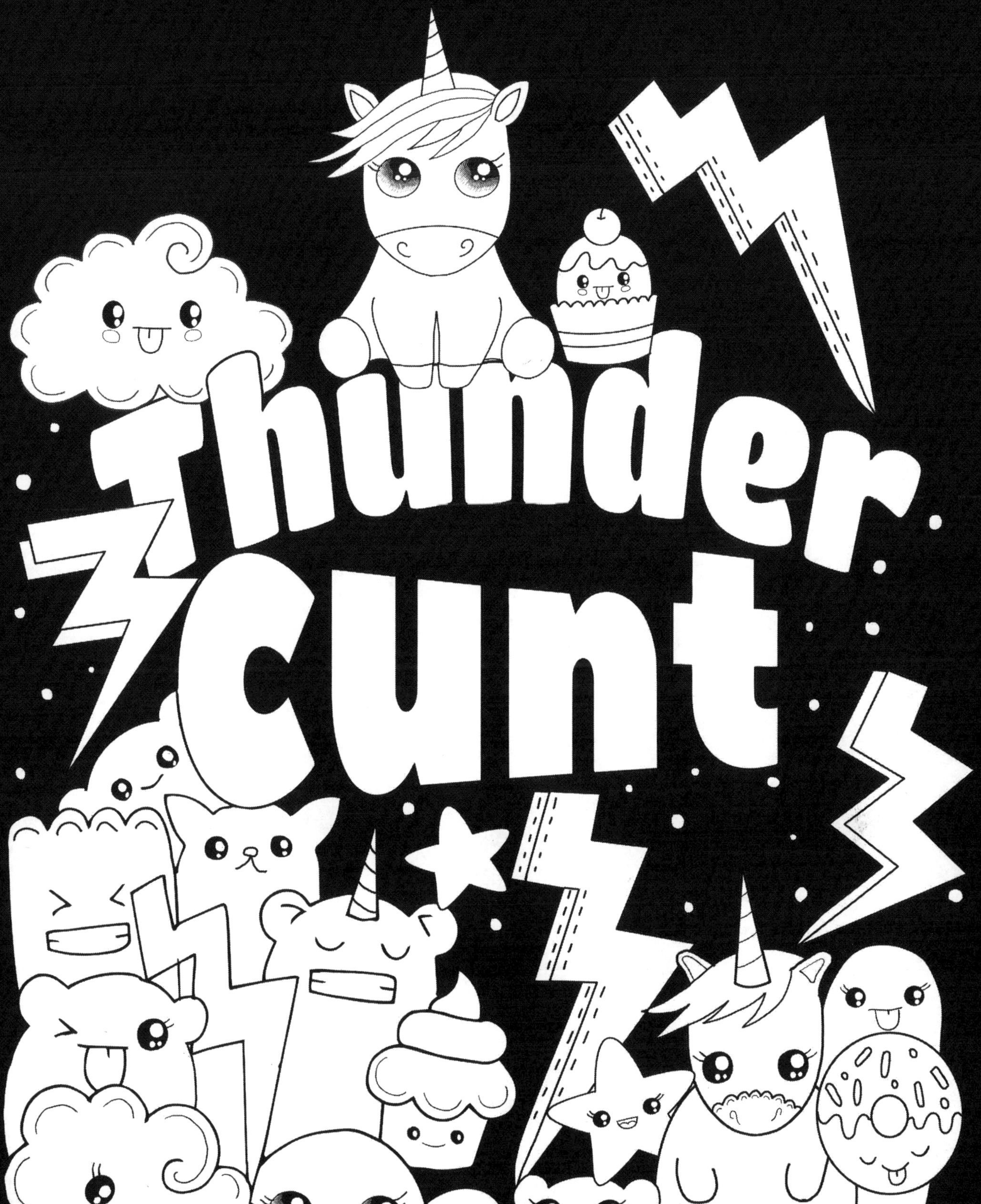
Thunder
Cunt

Twat
waffle

UNICORNS
SWEAR TOO

YOU'RE THE
SHIT

Batshit
Crazy

Bitch
Please

Boobs

Cluster
Fuck

Cunt

Cunt muffin

Fuck
nugget

FUCKETY
BYE

Bitch
I`M A UNiCORN

Fuck

FUCKWIT

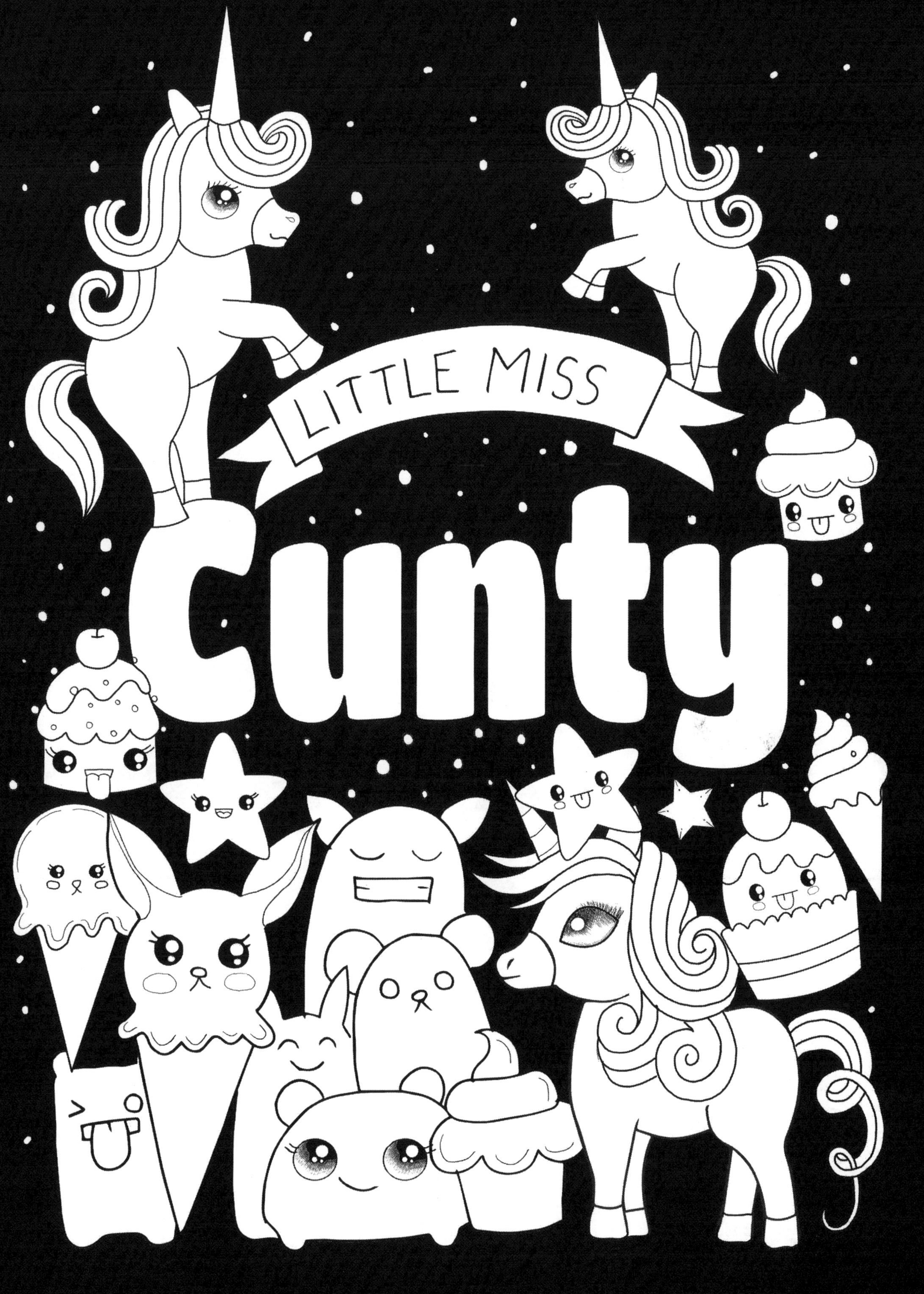
LITTLE MISS
Cunty

86617321R00055

Made in the USA
Middletown, DE
31 August 2018